이 책을 펼친 보호자에게

어린이들은 일찍부터 사회의 다양한 현상을 보고 자랍니다. 피부색처럼 사람 사이의 차이를 알아보고, 차별과 불평등을 알아채고 어른들에게 질문하기도 해요. 이럴 때 곧바로 적절한 대답을 해 주기 어렵거나, 차별에 대해서 어떻게 이야기를 시작해야 할지 고민한 경험이 있을 거예요. 이에 대해서 보호자와 충분히 대화를 나누지 않은 어린이는 자기도 모르게 고정 관념이나 편견을 가질 수 있어요. 우리가 사는 세상에는 이미 차별이 만연하니까요.

짧고 간단한 대화만으로도 어린이들은 세상을 더 정확하게 이해하고, 옳지 못한 것을 구분하고, 자신의 의견을 말할 수 있어요. 이 책으로 첫 대화를 시작하세요. 책 속의 질문들을 통해 이야기를 나눠 보세요. 책을 한번에 다 읽지 않아도 괜찮습니다. 어떤 내용은 일단 건너뛰어도 괜찮습니다. 보호자의 경험을 들려주는 것도 아주 좋아요. 더 나은 세상을 만드는 여러분을 응원합니다.

* 이 책의 원서는 특별히 미국의 인종 다양성을 배경으로 만들어진 그림책입니다. 인종의 다양성, 인종 차별과 관련하여 책 뒤에 수록된 보호자 가이드를 참고해서 아이와 이야기를 나눠 보세요.

메건 매디슨 글

제시카 랠리 글

이사벨 로하스 그림

우리는 모두 피부가 있어요.
피부색은 사람마다 다르고요!

나의 피부는 어떤 색인가요?

놀이터에서, 마트에서, 텔레비전에서
다양한 색깔의 피부를 볼 수 있어요.

세상에는 어떤 피부색들이 있을까요?

친구들을 보세요.
피부색이 조금씩 달라요.
우리 가족도
피부색이 조금씩 달라요.

우리 가족은 어떤가요?

우리 피부는 아름답고, 튼튼하고, 아주 중요해요.
지금 있는 그대로요!

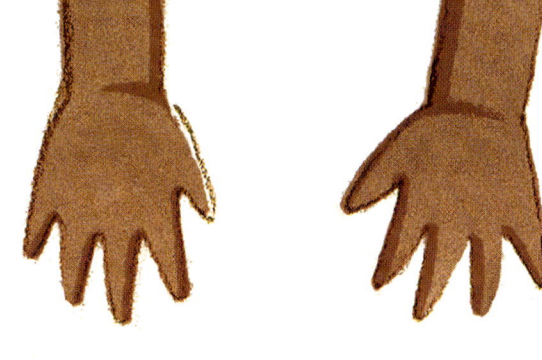

내 피부는
어떤 점이
좋은가요?

우리 몸에는 똑똑한 '멜라닌 색소'가 있어요.
멜라닌 색소는 햇빛으로부터 피부를 보호해요.
모든 피부에는 멜라닌 색소가 있는데
양은 저마다 달라요.

피부색이 짙으면 멜라닌이 많은 거예요.
피부색이 옅으면 멜라닌이 적은 거예요.
사람마다 멜라닌 색소의 양이 달라서
다양한 피부색이 있는 거예요.

나의 피부색을 어떤 색이라고 표현할 수 있을까요?

우리는 사람에게 색깔이 들어간 단어를 쓰기도 해요.
'흑인'이나 '백인'처럼요.

백인이 아닌 모든 사람들을 '유색인'이라고 부르기도 해요.

이 세상에는 굉장히 많은 나라와 민족과 인종이 있어요.
그래서 그만큼 많은 단어가 필요하지요.

흑인 백인
아시아인
아프리카계
원주민 혼혈인

어떤 단어와 나를 연결할 수 있나요?

라틴 사람
태평양 섬 원주민
미국인 아랍인

이 밖에도 많아요.

피부색만 보고 어떤 사람인지
알 수 있을까요?
무엇을 알고 있는지,
어떤 음식을 가장 좋아하는지,
어떤 책을 가장 재미있게 읽었는지,
또 어디에서 태어났는지도
피부색만으로는 알 수 없어요.

겉모습만 보고 성격이 어떤지,
무슨 생각을 하는지 알 수 없는 것처럼요.
하지만 겉모습만 보고 아는 척하려는
사람들도 있어요.

아주 오래전, 우리가 태어나기 훨씬 전에
어떤 백인들이 '인종'을 생각해 냈어요.
피부색으로 사람을 나누고, 백인이 가장 뛰어나다고 했어요.
그래서 더 많은 권리를 누려야 한다고 주장했죠.
완전히 잘못된 생각이에요!

하지만 이 생각은 아주 오랫동안 사실처럼 전해졌어요.

인종에 대해서 잘못된 생각을 믿는 것을
'인종주의'라고 해요.
사람을 피부색으로 나누어
차별하는 거예요.

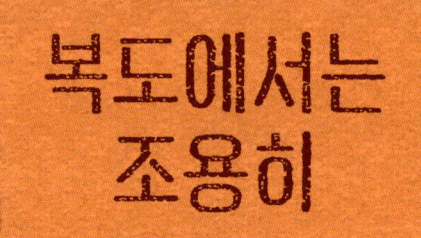

말이나 행동, 불공평한 규칙에서도
인종 차별을 찾을 수 있어요.
오랫동안 백인들이 다른 인종들보다
더 많은 권리를 누렸어요.
차별은 곳곳에서 다양한 방식으로 일어나요.
차별이라고 알아차리지 못한 순간에도요.

피부가 하얀 친구만 주인공을 해야 한다는 말.
공주의 머리는 금발이어야 한다는 생각.
모두 인종 차별이 만든 고정 관념이에요.

오랫동안 사람들은 인종 차별을 해 왔어요.

그래서 다양한 피부색을 가진 주인공이 나오는 이야기가 많지 않았어요.

피부색으로 별명을 지어 부르는 것은
인종 차별이에요. 알면서 그러는 거지요.

한 친구에게만 악당 역할을 시키기도 해요.
모르고 했어도 인종 차별이에요.

인종 차별은 절대로 옳지 않아요!

우리는 차별에 관해 더 많이 이야기해야 해요.

지금보다 나아질 수 있도록 모두가 노력해야 해요.

과거에도, 지금 이 순간에도
인종 차별에 반대하는 사람들이 있어요.
진실을 알리고, 자신이 겪은 일을 이야기하면서요.
내가 존중받고 싶은 만큼
상대방을 인정하고 존중해 주면서요.

우리 용기 있게 말해 볼까요?

같이 목소리를 높여요. 행진하고, 노래 불러요.

우리 함께 불공평한 세상을 바꿀 수 있어요.

서로 가르치고, 도와주고, 배우고, 귀를 기울이면 된답니다.

우리는 할 수 있어요.

★보호자 가이드★
이렇게 대화를 나눠 보세요!

피부색

모든 사람은 고유한 피부색을 갖고 있어요. 생후 몇 개월이 된 아기도 피부색의 차이를 알아봅니다. 자연스럽게 이야기를 꺼내면 어린이들도 인종과 차별에 관해 진지한 대화를 나눌 수 있습니다. 우리는 이미 키, 머리색, 눈, 코, 입처럼 다양한 신체적 특징에 대해서 일상적으로 이야기하고 있습니다. 피부색에 관해서도 이야기를 나눠 보세요.

인종에 관한 호기심

어린이들은 호기심이 많아서 인종이 다른 사람을 빤히 쳐다보거나, 다가가서 자세히 보려고 하기도 해요. 그럴 때는 무조건 혼내기보다 이렇게 해 보세요. "(머리카락, 눈, 피부의 색)이/가 다르다는 걸 알았구나." 하고 아이의 발견을 인정해 주고 대화를 시작해 보세요. 대화를 나누기 어려운 상황이라면 "우리 지금은 _____을/를 해야 하니까 집에 가서 더 이야기해 보자." 하고 주의를 돌린 후에 시간을 내어 인종에 관한 이야기를 나눠 보세요.

가족의 다양성

어린이들은 세상 모든 가족이 자신의 가족과 비슷하다고 생각할 수 있어요. 세상에는 매우 다양한 가족이 있고, 가족끼리도 피부색이 다를 수 있다는 사실을 알려 주세요. 책, 사진, 인형을 가지고 상황을 만들어 놀이처럼 대화해도 좋습니다.

정체성을 나타내는 용어

인종에 관한 단어를 어떻게 사용해야 할지 판단하기 어려울 수 있어요. 흑인, 백인 같은 단어가 사람을 차별하는 나쁜 단어는 아닐까 걱정되기도 하지요. 인종을 표현하는 정확한 단어를 배우고, 적절하게 사용할 줄 아는 것은 중요합니다. 함께 놀아 줄 때나 같이 책을 읽을 때, 정체성 용어를 설명해 주세요. 자신과 타인을 설명할 수 있는 말을 배우면 다양성을 편안하게 받아들이고 자신감을 가질 수 있습니다.

고정 관념과 편견

세 살 정도 되면 자기도 모르게 인종적인 편견을 나타낼 수 있습니다. 경험이 적어서 편견이 생기기 쉽기 때문이에요. 대화를 할 때 집단보다는 개개인의 이야기를 하도록 노력해 주세요. 예를 들어, 아이가 "아빠들은 밖에서 돈을 벌어." "엄마들은 집안일을 해."라고 말하면 "어떤 아빠, 어떤 엄마를 이야기하는 거야?" 하고 물으며 생각을 전환시킬 수 있어요. 기회가 있을 때마다 고정 관념과 편견에 쉽게 물들지 않도록 이끌어 주세요.

인종

"인종은 사회적 산물이다."라는 말이 있습니다. 어떤 의미일까요? '인종'은 현대 사회에 등장한 개념이며, 생물학적·과학적 근거가 없습니다. 인종 분류는 백인들의 경제적·문화적 이익을 위해, 또 노예 제도와 식민 지배, 집단 학살을 정당화하기 위해 발명되었습니다. 인종주의와 인종 차별에 관한 대화를 나누기 위해서는 양육자가 먼저 그 개념을 공부하고 이해하는 것이 중요합니다. 그래야 보다 편안하게 자기 언어로 풀어서 설명할 수 있어요.

인종 차별

아이에게 개개인의 다양성과 차이뿐만 아니라 차별과 불평등에 관해서도 이야기해 주세요. 어린이들은 이미 인종 차별을 목격하고 있고, 세상의 편견에 영향을 받고 있습니다. 양육자의 태도가 어린이의 삶에 큰 영향을 줍니다. 어떤 주제가 혼란스럽고, 두렵거나 슬프다고 해서 피하기만 하면 안 됩니다. 어려운 주제와 복잡한 감정도 이해할 수 있도록 도와주세요. 보호자가 먼저 인종 차별에 관해 알아보고 쉬운 말로 정리해 보세요. 그래야 적합한 단어로 설명할 수 있고, 질문에 올바른 대답을 할 수 있습니다. 가까운 곳에서 인종 차별이 어떻게 나타나는지 살피고, 보호자의 경험을 이야기해 주세요. 어린이도 올바른 생각과 태도를 본받을 거예요.

참여하고 행동하기

어린이는 어른들이 외치는 구호나 말보다는 행동을 보면서 더 많이 배웁니다. 인종 차별은 우리가 살아가는 사회 안에 존재합니다. 그래서 인종 차별을 없애기 위한 노력에 적극적으로 동참해야 해요. 참여 방법은 많아요! 함께할 수 있는 작은 일부터 시작해 보세요. 어린이도 함께 목소리를 낼 수 있다는 것을 알려 주세요.

★더 많은 정보가 궁금하다면 사이트(영문)를 방문해 보세요. FirstConversations.com/resources-our-skin-advanced

글 **메건 매디슨**

도미니카 대학에서 유아 교육학을, 미시간 대학에서 종교학을 공부했습니다. 브랜다이스 대학에서 박사 과정을 공부하며 인종 정의 교육 센터에서 일하고 있습니다. 뉴욕의 유아 발달 연구소에서 인종, 젠더, 성에 대한 워크숍을 열고 여러 교사와 가족을 위해 활동하고 있습니다.

글 **제시카 랠리**

사범 대학에서 유아 특수 교육학을, 뉴욕 대학에서 미술학을 공부했습니다. 유치원 특수 교육 교사로 일했고, 학교·박물관·도서관에서 아이들을 가르쳐 왔습니다. 현재 두 아이를 키우며, 브루클린 공립 도서관에서 유아들을 대상으로 기초 문해력 프로그램을 주관하고 있습니다.

그림 **이사벨 로하스**

독립 출판사 대표이자 일러스트레이터, 만화가, 도예가입니다. 2010년에 그림 작가로서 필리핀 국립 어린이 도서상을 수상했습니다. 뉴베리 상 수상작 《안녕, 우주》와 《나 혼자 읽을 거야!》 등 여러 어린이 책에 그림을 그렸습니다. 뉴욕에서 이야기를 쓰고, 그리고, 책을 디자인하며 지냅니다.

옮김 **노지양**

연세대학교 영어영문학과를 졸업하고 방송 작가를 거쳐 번역가이자 에세이 작가로 활동하고 있습니다. 《싫다고 말하자!》, 《공룡 테라피》, 《동의》, 《걱정 덜어내는 책》, 《나쁜 페미니스트》, 《내 그림자는 핑크》 등의 책을 우리말로 옮겼고, 에세이 《먹고사는 게 전부가 아닌 날도 있어서》, 《오늘의 리듬》, 《우리는 아름답게 어긋나지(공저)》를 썼습니다.

감수·추천 **오찬호**

사회학으로 박사 학위를 받았고, 여러 대학과 대학원에서 오랫동안 강의를 했습니다. 평범한 일상 속의 차별과 부조리에 주목하여 꾸준히 목소리를 내고 있습니다. 《우리는 차별에 찬성합니다》, 《곱창 1인분도 배달되는 세상, 모두가 행복할까》, 《민낯들》 등의 책을 썼고, 〈차이나는 클라스〉(JTBC), 〈어쩌다 어른〉(tvN), 〈세상을 바꾸는 시간〉(CBS) 등 여러 방송에 출연했습니다.